Rudolf Dreikurs

Ermutigung an jedem Tag

Zuversicht für Eltern und Kinder

Herausgegeben von Eva Dreikurs Ferguson

FREIBURG · BASEL · WIEN

Gedruckt auf umweltfreundlichem,
chlorfrei gebleichtem Papier

Originalausgabe

Alle Rechte vorbehalten – Printed in Germany
Copyright © 2001 by Eva Dreikurs Ferguson. All rights reserved.
Verlag Herder Freiburg im Breisgau 2002
www.herder.de
Herstellung: fgb · freiburger graphische betriebe 2002
www.fgb.de
Umschlaggestaltung und Konzeption:
R·M·E München / Roland Eschlbeck, Liana Tuchel
Umschlagmotiv: © Getty Images
ISBN 3-451-05047-1

Inhalt

Vorwort
von Eva Dreikurs Ferguson
7

I
Sich selbst achten:
Die eigene innere Stärke entdecken
13

II
Mut in der Liebe:
Achtung und Selbstachtung in der Partnerschaft
39

III
Kinder ermutigen:
Vertrauen schenken und Verantwortung übergeben
61

IV
Gleichwertigkeit in der Familie:
Die Zusammenarbeit von Eltern und Kindern fördern
89

V
Über die Familie hinaus:
Gegenseitige Achtung
109

Quellenverzeichnis
127

Vorwort

Im komplexen Alltag von heute brauchen die Menschen Optimismus und Ermutigung mehr denn je. Alte Lösungsansätze für zwischenmenschliche Probleme tragen nicht mehr, und neue Lösungen sind oftmals auch nicht effektiver als die alten. Der Prozess der Demokratisierung wird zwar in allen Bereichen des Lebens begrüßt, aber er bringt auch einiges an Herausforderungen und Schwierigkeiten mit sich. Sobald individuelle Verantwortung mit größeren Freiräumen für jeden einzelnen einhergeht, fühlen sich viele Menschen verunsichert. Rudolf Dreikurs hat dieses Dilemma bereits vor einigen Jahrzehnten erkannt. Er brachte Eltern, Lehrern, Gemeindevorstehern und Arbeitgebern neue Formen des Umgangs miteinander bei, die auf der Theorie von Alfred Adler beruhten. Er erkannte das Problem des modernen Menschen, der sich nicht länger auf althergebrachte Traditionen als Richtschnur seines Handelns verlassen kann.

Adlers Verfahren ist überraschend einfach anzuwenden, und Dreikurs formulierte konkrete Maßnahmen, um Problemen im zwischenmenschlichen Bereich vorzubeugen und sie zu lösen. Ein zentraler Aspekt der Arbeit von Adler und Dreikurs ist die Ermutigung. Wenn Menschen Mut haben, dann können sie ihre Probleme kreativ und optimistisch angehen. Viele Bereiche in unserer Gesellschaft sind jedoch von Interaktionen bestimmt, die die Menschen entmutigen. Wenn Menschen entmutigt sind, dann neigen sie dazu, sich Probleme zu schaffen anstatt sie zu lösen. Die Methoden Adlers helfen dem Menschen, ermutigende Formen des Zusammenlebens zu finden, und in seinen Schriften hat Dreikurs ganz konkret Möglichkeiten aufgezeigt, wie Menschen sich selbst und andere ermutigen können.

In den Schriften von Dreikurs finden wir Einsichten, die er im Laufe seiner langjährigen Tätigkeit als Psychotherapeut gewonnen hat. Er half Eltern dabei, die individuelle Denkweise und die Absichten ihrer Kinder zu verstehen und Methoden der logischen und natürlichen Folge anstelle von Belohnung und Strafe anzuwenden. Er zeigte Eltern, wie sie ihre Kinder ermutigen können und wie nutzlos viele traditionelle Erziehungsmethoden sind, die die Kinder entmutigen. Als Paartherapeut half er Frauen und Männern, deren Ehen unerfüllt geblieben waren, sich gegenseitig besser zu verstehen und zu achten. Dreikurs war auch als Berater für Organisationen tätig und zeigte, wie Demokratie Schritt für Schritt in die Praxis umgesetzt werden kann und wie sich demokratische von anarchischen und autokratischen Konzepten, von denen man schon im Vorfeld wissen kann, dass sie nicht funktionieren, unterscheiden. In seiner Arbeit als Psychiater und in seinen Schriften zeigte er sich als Lehrer, der es auf meisterhafte Art verstand, wichtige Schlüsselkonzepte und -methoden zu erläutern, die für das Wohlbefinden und die Gesundheit des Menschen unabdingbar sind und an die Stelle von leidvollen und entmutigenden Beziehungen treten können.

Dieses Buch ist eine Sammlung von einfachen Sprüchen aus Dreikurs' Werk. Die Sprüche enthalten leicht verständliche Ideen, die dem Leser zu mehr Optimismus, zu Mut und Achtung vor sich selbst und den anderen verhelfen möchten. Sie gehen von der Annahme aus, dass menschliches Wohlbefinden aufs engste mit der Sorge um das eigene Wohlergehen und das der anderen Menschen verknüpft ist. Wir können weder in der Arbeit noch unter Freunden, in Liebesbeziehungen, als Eltern oder als Mitglieder einer Gemeinschaft harmonisch miteinander leben, solange wir nicht uns selbst und die anderen in Wort und Tat achten. Weder sollten wir nachgeben noch kämpfen, sondern gemeinsam nach einvernehmlichen Lösungen suchen, die allen Beteiligten Respekt entgegenbringen. Mut und die Sorge um das Gemeinwohl ziehen sich wie ein roter Faden durch das gesamte vorliegende Buch.

Menschen, die sich mit den leicht anwendbaren Ideen von Adler und Dreikurs beschäftigt haben, zeigten sich erstaunt darüber, wie schon kleine Veränderungen im zwischenmenschlichen Miteinander zu großen Veränderungen im emotionalen Wohlbefinden führen können. Dies liegt daran, dass die einfach in die Praxis umzusetzenden Ideen aus einer fundierten Theorie der menschlichen Entwicklung und Motivation abgeleitet sind. Diese Theorie berücksichtigt mit Hinblick auf die Persönlichkeit und gesellschaftlichen Abläufe sowohl sozialpsychologische und kognitive Aspekte als auch die Frage nach der Motivation. Man muss sich allerdings nicht detailliert mit der Theorie auseinander setzen, um die Ideen, die in diesem Buch Ausdruck finden, im eigenen Alltag anwenden zu können. Für alle diejenigen, die mehr von Dreikurs lesen möchten, sind die Quellen, denen die hier zusammengestellten Sprüche entnommen sind, im Anhang aufgeführt. Für den interessierten Leser bieten diese Bücher eine Fundgrube vieler weiterer wertvoller Informationen und Einsichten.

Dreikurs und Adler entwickelten ihre Ideen und Methoden zu einer Zeit, als in Europa zwei schreckliche Kriege wüteten. Beide Männer waren Soldaten im Ersten Weltkrieg und wurden Zeugen der furchtbaren Gräueltaten, die Menschen sich gegenseitig antun können. Beide waren Ärzte, die den Menschen nicht nur helfen wollten, sich selbst zu heilen, sondern sie auch dazu anleiten wollten, eine friedliche Gesellschaft zu schaffen. Dieses Buch spiegelt Dreikurs' Überzeugung wider, dass Menschen ein enormes Potential besitzen, um Gutes für sich und die Gesellschaft zu schaffen, und dass sie eben nicht nur die Fähigkeit besitzen, sich gegenseitig zu verletzen und zu zerstören. Das Buch vermittelt Optimismus und darüber hinaus viele praktische Anregungen, wie Menschen den Herausforderungen des Lebens mit Mut und kreativer Zuversicht begegnen können. Die Ideen, die in diesem Buch zum Ausdruck kommen, sind von Menschen aller Kontinente aufgegriffen worden. Die Botschaft, die ihnen zugrunde liegt, ist von globaler Bedeutung und in der Lage, das Wohlergehen von Menschen in Ländern der ganzen Welt zu steigern.

Rudolf Dreikurs und Alfred Adler ließen sich in ihren späteren Lebensjahren in den USA nieder, ihre Ideen aber finden überall auf der Welt Anwendung.

Eva Dreikurs Ferguson

Edwardsville (USA), Mai 2002

I

Sich selbst achten:
Die eigene innere Stärke entdecken

Die eigene innere Stärke entdecken

Mut ist die Verkörperung von Selbstvertrauen. Er resultiert aus unserem Vertrauen in unsere Fähigkeiten.
(10, 34)

Selbstvertrauen befähigt uns, teilzunehmen, beizutragen und für andere nützlich zu sein.
(10, 44)

Wenn wir uns selbst so annehmen, wie wir sind, ohne Rebellion oder das Bedürfnis nach sogenannter Selbstkontrolle, dann können wir uns ganz aller inneren Ressourcen bedienen, ganz gleich, welchen Beitrag wir für das Allgemeinwohl machen möchten, im Dienste des Fortschritts der Menschheit.
(10, 57)

Niemand ist frei, wenn er sich nicht von Selbstzweifeln befreit hat.
(10, 67)

*Erst wenn wir aufhören, das Leben zu bekämpfen,
entfalten wir unser volles Potential.*

(3, 25)

*Wenn wir uns selbst entmutigen, aus welchen Gründen
auch immer, vermindern wir unsere Effektivität. Wir
haben die Verpflichtung, uns selbst genauso zu
ermutigen wie alle anderen.*

(10, 32)

*Wenn wir uns unangemessen verhalten, dann liegt das
immer daran, dass wir anfangen, an uns selbst zu
zweifeln und uns minderwertig zu fühlen.*

(1, 47)

*Wenn wir lernen, unser Handeln bewusst
wahrzunehmen, dann können wir es ändern – und
dadurch auch uns selbst.*

(10, 60)

Die eigene innere Stärke entdecken

Wir können auf fruchtbare Weise über die Vergangenheit nachdenken, um so neue Perspektiven für unser Leben in der Gegenwart zu gewinnen, um Lektionen, die wir gelernt haben, anzuwenden. Und wir können auch über die Zukunft nachdenken, um unser Handeln vorzubereiten, um Pläne zu schmieden. Keine dieser beiden Aktivitäten bedeutet jedoch, sich mit der Vergangenheit oder der Zukunft auf Kosten der Gegenwart zu beschäftigen.

(10, 62)

Die Vergangenheit zu analysieren ist nur dann sinnvoll, wenn sie ein besseres Verständnis der Gegenwart ermöglicht. Das Leben geschieht nur im Jetzt.

(6, 133)

Das Leben existiert nur in diesem Moment; das Leben sinnvoll gestalten bedeutet, jeder möglichen Situation angemessen zu begegnen.

(2, 40)

*Subjektivität – die Basis unserer Haltungen,
Emotionen, Überzeugungen – ist notwendig im Leben.
Ohne sie könnten wir in der komplexen sozialen
Wirklichkeit nicht bestehen.*

(10, 56)

*Wir bestimmen unser Los in hohem Maß selbst und
ebnen unserem Schicksal den Weg.*

(3, 3)

*Die meisten Menschen bekommen genau das, was sie
wollen – nur wissen sie nicht, dass sie es wollen.*

(3, 4)

*Die Menschen hören das, was sie zu hören erwarten,
selbst wenn es nicht gesagt wird.*

(2, 41)

Die eigene innere Stärke entdecken

Der Antrieb für all unsere Taten ist ein innerer Plan, nach dem wir handeln, den wir aber kaum kennen. Unsere Haltung anderen gegenüber und dem Leben gegenüber hängt davon ab, wie wir von uns selbst denken.

(10, 4)

Ein bestimmtes Verhalten entspringt nicht nur einem rationalen Gedanken, sondern viel stärker grundlegenden, nur teilweise bewussten Haltungen dem Leben gegenüber.

(9, 19)

Es ist besser, eine Situation verstehen zu wollen und sich zu irren, als sie zu übersehen.

(3, 4)

Alles menschliche Verhalten ist zweckgerichtet.

(2, 40)

Bloße Konformität wird nicht zu einer Verbesserung der Verhältnisse führen. Der Mut, nicht perfekt zu sein, ist gesünder und förderlicher als Perfektionismus.

(10, 221)

Das Falsche einfach nur nicht zu tun, reicht nicht; aber es ist ein Anfang.

(3, 28)

Der Ort unseres Leidens ist in uns selbst. Es resultiert aus unserer Haltung gegenüber den Tatsachen, es liegt in unserem Innern.

(4, 140)

Wir sehen, was wir sehen möchten, wir finden, was wir zu finden erwarten.

(4, 141)

*Genauso, wie Eltern in Bezug auf ihre Kinder
unterscheiden müssen zwischen Kontrolle und
Einflussnahme, müssen wir diese Unterscheidung auch
in Bezug auf uns selbst treffen.*

(3, 31)

*Unsere eigenen Handlungen und Haltungen
beeinflussen nicht nur unsere Lebensbedingungen,
sondern auch das Verhalten der Menschen um
uns herum.*

(4, 168)

*Ein gegebener Zustand kann zerstören oder anregen.
Unsere eigene Entscheidung, unsere schon
vorweggenommene Meinung leitet unsere Anschauung
zum Schönen oder zum Hässlichen und befähigt uns,
Hilfe oder Unheil zu finden.*

(4, 140–41)

*Unsere Gefühle sind die Energie, die wir uns selbst
geben, um uns zu ermutigen, in die Richtung zu gehen,
in die wir gehen möchten.*

(3, 19)

Wenn wir die volle Verantwortung für unsere Gefühle übernehmen, so beraubt uns dies bequemer Entschuldigungen, aber es befähigt uns, die Sachlage zu meistern.

(4, 111)

Nur wenn wir uns vergessen, können wir uns „finden". Wir sind, was wir tun.

(3, 21)

Wenn wir uns „bekämpfen", täuschen wir uns. Wir tun nur, was wir tun wollen.

(2, 44)

Es gibt nichts, was nicht wieder gutzumachen wäre.

(4, 168)

Fehler zu machen, schließt Demütigungen ein; wir verlieren an sozialem Prestige. Wenn wir dagegen Recht behalten, gewinnen wir an Ansehen.

(2, 44)

Fehler zu machen, ist unvermeidbar, und der Fehler ist in den meisten Fällen weniger bedeutsam als das, was eine Person tut, nachdem sie den Fehler gemacht hat.
(3, 29)

Mut hat derjenige, der einen Fehler machen oder der versagen kann, ohne sich dabei in seiner Selbstachtung berührt zu fühlen.
(7, 44)

Die Fähigkeit, Fehler würdevoll, ohne Scham und eigene Demütigung zu begehen, ist im Leben unverzichtbar.
(10, 34)

Nur ängstliche Menschen laufen vor Reibungen davon; für den Mutigen sind die Probleme da, damit sie gelöst werden.
(4, 137)

Angst ist das Haupthindernis der Mitarbeit.
(4, 99)

Obwohl es uns scheint, dass unsere Begegnung mit dem Leben wirkliche, handfeste Konflikte hervorbringt, die verwunden, beleidigen und manchmal sogar töten, so liegt doch in Wirklichkeit der Konflikt nur in uns selbst.

(4, 139)

Wir sind nur dann fähig, uns selbst richtig einzuschätzen, wenn wir auf die Folgen unserer Handlungen schauen.

(4, 110)

Wenn wir feindselige Gefühle als wohlerwogene Kriegswaffen erkennen, so können sie uns zu einer Neuorientierung bewegen […], so dass bessere und mutigere Gefühle sich entfalten können.

(4, 111)

Der Wunsch nach Zusammenarbeit wird nur durch das Gefühl der Minderwertigkeit gehemmt, das einen Zwang zur Selbstverteidigung hervorruft.

(4, 99)

Die eigene innere Stärke entdecken

Was immer man aus Angst oder Feigheit tut, dafür muss man bezahlen.

(4, 115)

Es ist möglich, Emotionen zu überwinden, wenn wir mutig genug sind, ihre Bedeutung und ihre Auswirkung zuzugeben – ihre Tendenzen und ihre Ziele.

(4, 134)

Nur wenn wir die volle Verantwortung für unsere Absichten auf uns nehmen und dadurch auch für unsere Gefühle, können wir uns selbst helfen.

(4, 134)

Der wirkungsvollste Weg, feindliche Empfindungen zu überwinden, ist der, dass man sich des Zweckes bewusst wird, für den wir diese Empfindungen schaffen und aufrechterhalten.

(4, 134)

*Gefühle kann man nicht bewusst verändern, aber
Absichten und Ziele. Und wenn sich die Ziele ändern,
dann müssen sich die Gefühle, die ja nur der Erreichung
unserer Ziele dienen, dementsprechend wandeln.*
(4, 135)

*Jeder will lieber zusammenarbeiten und leidet daran,
wenn er es nicht kann.*
(4, 99)

*Wir können nicht auf Schwäche, sondern nur auf
Stärke bauen.*
(7, 62)

*Viele Menschen verwenden viel Zeit und Anstrengung
darauf, um Fehler zu vermeiden. Dadurch
verausgaben sie sich in einer Nebenrolle, statt sich
effektiv dem wirklichen Problem zu widmen.*
(2, 44)

Die eigene innere Stärke entdecken

*Wir alle wünschen uns Frieden und Glück, aber
erwarten wir sie tatsächlich? Selten – und darum tun
wir wenig dazu, sie zu erreichen.*

(4, 168)

*Wir handeln häufig so, als wenn alles schief gehen
müsse und als wenn Glück nicht erreichbar wäre.*

(4, 168)

*Wir alle schätzen Anerkennung. Ein freier Mensch
aber ist sich seines eigenen Wertes sicher, so dass er
nicht davon abhängig ist.*

(3, 21)

Wir müssen den Mut haben, nicht perfekt zu sein.

(3, 20)

*Wir müssen unseren eigenen Mut dauernd verstärken,
und um dies zu erreichen, brauchen wir den „Mut zur
Unvollkommenheit".*

(7, 62)

*Wir können nur von unseren Fehlern lernen, wenn wir
keine Angst haben, sie zu machen.*
(3, 20)

*Man kann sich dann von [...] Ängsten befreien
(der Angst, Prestige und seine soziale Stellung zu
verlieren), wenn man aufhört, sich mit sich selbst zu
beschäftigen und stattdessen die Anforderungen der
Situation erkennt.*
(9, 15)

*Schuldgefühle sind der Ausdruck der guten Absichten,
die wir nicht haben.*
(2, 41)

*Wenn wir – oft häufiger als gerechtfertigt – uns selbst
anklagen, führen wir ausgerechnet durch die
Selbstkritik unsere hohen moralischen Maßstäbe vor.*
(3, 30)

Die eigene innere Stärke entdecken

Wir können unsere inneren Ressourcen nicht nützen, wenn wir davon überzeugt sind, keine zu haben.
(3, 18)

Einer der wichtigsten Faktoren von Mut ist Optimismus, das Gefühl, dass ein positives Ergebnis erzielt werden kann oder Erfolg sich einstellen wird, dass die gesteckten Ziele erreicht werden.
(9, 72)

Mitleid ist ein negatives Gefühl – es macht das Individuum kleiner, schwächt sein Selbstvertrauen und zerstört seinen Glauben an das Leben.
(7, 246)

Ehrgeiz steht in direkter Beziehung zu dem Gefühl eigener Minderwertigkeit.
(3, 24)

Das Gefühl der Minderwertigkeit ist eine falsche Selbstbewertung, es ist nichts Reelles.
(3, 25)

*Das Gefühl der Minderwertigkeit führt zur
Kompensation; der Minderwertigkeitskomplex ist eine
Kapitulationserklärung.*

(3, 24)

*Wenn man sich minderwertig fühlt, kann man immer
jemand anderen herabsetzen.*

(3, 25)

*Frustration ist eine psychologische Antwort auf Dinge,
die wir nicht willens sind zu tolerieren.*

(3, 6)

*Anspannung ist die Furcht vor dem eigenen Platz
im Leben.*

(3, 20)

*Wenn wir einen Vorteil darin haben, krank zu sein,
bleiben wir krank.*

(3, 19)

*Ein konstruktiver Gebrauch der Freizeit ist ebenso sehr
eine Pflicht wie die Suche nach einer passenden Arbeit.*
(4, 166)

Wir bestimmen unsere Reaktionen, ohne es zu wissen.
(2, 41)

Niemand tut etwas, was er nicht tun will.
(2, 42)

*Es ist nicht schwer, den Nutzen und Zweck von
Gefühlen zu erkennen, wenn wir sie als positiv,
konstruktiv und hilfreich erleben. Schwierig wird es
dann, wenn wir uns mit verwirrenden Gefühlen
auseinandersetzen. Dann fällt es uns manchmal
schwer, irgendeine Absicht oder einen Sinn in ihnen
zu erkennen […]. Dann distanzieren wir uns von
unseren Gefühlen, als ob wir nicht für sie
verantwortlich wären.*
(6, 145)

Wir betrachten uns als Opfer unserer Gefühle, während wir doch die Herrscher über sie sind. Wir schaffen unsere Emotionen selbst, aber gestehen uns das nicht immer ein.

(6, 145)

Gefühle [...] sind Mittel, aber nicht der Grund neurotischen Verhaltens.

(6, 146)

Zwischen Intellekt und Gefühl wird üblicherweise eine scharfe Trennlinie gezogen; eigentlich sind sie miteinander verwandt und bilden ein organisches Ganzes.

(3, 30)

Sich anderen unterlegen zu fühlen, hat nichts damit zu tun, anderen unterlegen zu sein.

(3, 30)

Die eigene innere Stärke entdecken

Vielleicht wäre unsere Erfahrung mit unseren Versuchen, unsere Fehler zu korrigieren, anders, wenn wir gelernt hätten, wie wir mit uns selbst umgehen sollten.

(2, 45)

Schuldgefühle lenken unsere Aufmerksamkeit von dem ab, was wir tun sollten, hin auf das, was wir getan haben.

(3, 22)

Wenn wir uns nicht damit blockieren, uns über die Lage zu ärgern, in der wir uns befinden, können wir die Punkte ausfindig machen, an denen Veränderungen und Verbesserungen möglich sind.

(3, 23)

Wir tun alle nur das, für das wir uns entscheiden.

(3, 21)

Gefühle sind Werkzeuge, die uns in die Lage versetzen, unsere persönlichen Überzeugungen zu verfolgen. Sie sind nicht Herrscher über uns.

(3, 18)

Angst ist eine Fehleinschätzung, die unsere Fähigkeit, eine Situation zu bewältigen, bezweifelt.

(3, 18)

Obwohl unsere Fähigkeit, fast alles über uns selbst zu wissen, theoretisch unbegrenzt ist, wollen oder müssen wir nicht alles wissen.

(2, 45)

Wir wollen nichts von dem wissen, das unsere Ziele beinträchtigen könnte.

(3, 15)

Unsere Gefühle unterstützen immer unsere wahren Absichten.

(3, 19)

Die eigene innere Stärke entdecken

*Je mehr Angst wir haben, einen Fehler zu machen,
desto wahrscheinlicher werden wir ihn machen.*

(3, 7)

Furcht meidet nicht die Gefahr, sondern zieht sie an.

(3, 26)

*Wir lassen es zu, dass wir zu Opfern unserer
Umgebung werden.*

(2, 42)

*Das Gefühl der Sicherheit entsteht aus der inneren
Überzeugung, mit allem, was das Leben bringen mag,
fertig zu werden.*

(3, 6)

*Unsicherheit kommt daher, dass wir unsere
eigene Stärke anzweifeln.*

(3, 16)

Wir alle könnten besser sein, als wir sind; aber das heißt nicht, dass wir wertlos sind, wenn wir nicht besser werden.
(2, 45)

Reife hat wirklich gar nichts mit Alter zu tun.
(1, 6)

Mitleid schadet im allgemeinen mehr als der Misserfolg oder die Tragödie, die das Mitleid erregt.
(3, 9)

Übertriebenes Verantwortungsgefühl bedeutet, eigentlicher Verantwortung aus dem Weg zu gehen.
(3, 26)

Der Beobachter bestimmt unbewusst, was er sieht.
(3, 15)

Unsere Erfahrungen entsprechen den Zielen, die wir im Leben haben.
(3, 13)

*Es gibt keine absoluten Wahrheiten. Alles ist so,
wie wir es sehen.*

(3, 15)

*Ein Machtbesessener genießt seinen Triumph nicht,
wenn wir unsere Niederlage eingestehen.*

(3, 13)

Logik hat nichts mit Wahrheit zu tun.

(3, 17)

*Unser Gedächtnis steht uns immer zur Verfügung; es
tut genau das, was wir wollen, dass es tut.*

(2, 45)

*Frei werden wir dann, wenn wir aufhören, uns Sorgen
über Erfolg oder Misserfolg zu machen.*

(3, 10)

*Zu wissen, was man nicht tun sollte, ist eine große
Hilfe, um herauszufinden, was getan werden sollte.*

(3, 27)

*Mut ist eng verwoben mit einem Gefühl von
Verantwortung, von Zugehörigkeit, weil es Vertrauen
in unsere Fähigkeit spiegelt, mit allem, was das Leben
mit sich bringen könnte, fertig zu werden.*

(10, 35)

*Mut erlaubt uns richtiges Urteilen und führt deshalb
zu Effektivität. Es verleitet uns dazu, in Frieden mit
uns und anderen zu leben, weil wir nicht länger vor
uns noch vor anderen Angst haben.*

(10, 35)

*Selbstvertrauen, das sich unter Belastung zeigt, ist Mut.
Mut und Selbstvertrauen bilden die einzig mögliche
Grundlage für ein Sicherheitsgefühl, das auf der
Überzeugung beruht, dass wir mit allem, was kommt,
irgendwie fertig werden und das Beste daraus
machen können.*

(4, 100)

II

Mut in der Liebe: Achtung und Selbstachtung in der Partnerschaft

Nur ein mutiger Mensch ist fähig, wirkliche Liebe zu erleben.
(4, 27)

Befriedigende Liebe bedeutet, den anderen Liebenden zu erleben und zu erfühlen, ohne Rückhalt und ohne Bedingung.
(4, 147)

Liebe ist kein Gefühl. Sie ist eine Beziehung.
(3, 12)

Liebe zu üben ist eine Kunst, die durch Training zu entwickeln ist wie jede andere Kunst.
(4, 145)

Wenn es auch unglaublich klingen mag, ein jeder bekommt von seinem Partner gerade die Behandlung, die er unbewusst von Anfang an erwartete.
(4, 70)

Es ist lebenswichtig für das Eheglück zu erkennen, dass jedes störende Problem eine gemeinsame Aufgabe ist, die nach beiderseitiger Ermutigung und Hilfe ruft.

(4, 150)

Viele verlangen eine vollkommene Lösung für ein Problem, das für einen befriedigenden Abschluss noch nicht reif ist. Sie vergessen, dass es immer noch den Weg der Besserung gibt.

(4, 136)

Besserung ist nur möglich, wenn man sich gegenseitig akzeptiert, wenn das Verhältnis auf gegenseitiger Achtung und Vertrauen aufgebaut ist.

(4, 101)

Die Wahl eines viel älteren oder viel jüngeren Partners kann den konstruktiven Willen zu einer glücklichen Vereinigung verkörpern oder auch ein Streben nach billigem Erfolg: Alles hängt davon ab, ob es der Ausdruck von Mut oder von Angst ist.

(4, 72)

*Wenn wir uns von einer Person sexuell angezogen
fühlen, die wir persönlich nicht schätzen können,
während ein anderer Mensch uns Vertrauen einflößt,
aber uns nicht erotisch anregt, so ist es nicht der Fehler
des anderen Menschen. In Wirklichkeit bieten wir uns
selbst nur in Ratenzahlungen an.*

(4, 76)

*Das Leben bietet uns allen eine Menge günstiger
Gelegenheiten, aber an uns liegt es, den richtigen
Gebrauch von ihnen zu machen.*

(4, 79)

*Nur falsche Einstellungen und Erwartungen sind die
Ursache, wenn wir überhaupt niemand finden oder
nur die falschen Leute treffen.*

(4, 79)

*Die Ehe löst nicht irgendein Problem; sie bleibt selbst
ein Problem, das gelöst werden muss, und fügt lediglich
eine neue Aufgabe den anderen hinzu, denen wir uns
im Leben gegenübersehen.*

(4, 85)

Eigenschaften werden immer dann eingeübt, wenn eine Person sie als effektiv erfährt.
(3, 14)

Eine befriedigende Beziehung bedeutet, dass die Ziele beider Partner übereinstimmen. Umgekehrt liegen jeder gestörten Beziehung unterschiedliche Zielvorstellungen zugrunde.
(6, 182)

Wenn wir uns von jemandem besiegt fühlen, beschimpfen wir ihn.
(2, 40)

„Ich bin so durcheinander" will heißen: „Nagel mich jetzt nicht fest".
(2, 40)

Keine Gewohnheit wird beibehalten, wenn sie ihren Zweck nicht mehr erfüllt.
(3, 19)

Der Mangel an sexuellem Interesse im allgemeinen, das Fehlen sexueller Anregung, Verschiedenartigkeit sexueller Ansprüche, ungeeignetes sexuelles Verhalten, Impotenz und Frigidität, sexueller Widerwillen oder Abneigung – dies sind nicht die Ursachen der sogenannten „sexuellen Unverträglichkeit", sondern die Folgen persönlicher Konflikte.

(4, 144)

Einseitige sexuelle Befriedigung ist immer ein Missbrauch des Partners und nicht sehr verschieden von Vergewaltigung. Liebe ist eine beiderseitige Aufgabe, Sexus ein beiderseitiges Sichverstehen.

(4, 149)

Die schlimmste, misslichste Situation, in die ein Ehepaar kommen kann, muss nicht unbedingt die Einheit gefährden; im Gegenteil, häufig knüpft sie die beiden noch mehr zusammen.

(4, 151)

Jede Art von Missgeschick ist eine Prüfung des Mutes und der Aufrichtigkeit der beiden Partner, sie ist ein Test der Grundlage, auf der die Ehe aufgebaut ist.
(4, 155)

Wir müssen hinter jedem ehelichen Zusammenbruch den Erzfeind menschlicher Zusammenarbeit vermuten: die Überbetonung des persönlichen Prestiges.
(4, 155)

Zweifel am Partner, oft nur auf dem unbewussten Verlangen beruhend, die eigene Überlegenheit zu beweisen, ist häufig die bewegende Kraft hinter scheinbar unvermeidlichen Missverhältnissen.
(4, 159)

Oft ist der stärkste Mann im Grunde genommen wie ein Kind, und die schwächste Frau kann den überzeugenden Einfluss einer Mutter haben.
(4, 160)

*Wirkliche Liebe und Ergebenheit, aufrichtige
Hochachtung führen zu Befriedigung und
Willfährigkeit auf beiden Seiten.*

(4, 162)

*Eine Beziehung zwischen Ungleichen ist immer
instabil und führt unweigerlich zu Konflikten und
zerstörter Harmonie.*

(3, 26)

*Anschuldigungen bringen keine Zusammenarbeit
zustande.*

(3, 23)

*Darüber nachzudenken, was der andere tun sollte,
führt in eine Sackgasse.*

(2, 45)

*Wenn wir anfangen, uns mit unserem eigenen
Verhalten zu beschäftigen, setzen wir unser Gegenüber
nicht mehr unter Druck und geben ihm Gelegenheit,
nachzudenken, was er oder sie tun könnte, um die
Situation zu verbessern.*

(3, 22)

*Vor allem müssen wir daran denken, dass wir nicht
auf **Vollkommenheit**, sondern auf Verbesserung
hinarbeiten. Wir sollten die kleinen Verbesserungen
nicht übersehen, und wenn wir sie finden, sollten wir
uns entspannen und an unsere Fähigkeit glauben, uns
weiter zu verbessern.*

(4, 62)

*Jeder Konflikt ist ein Test für unsere menschliche
Zugehörigkeit, für unser Gemeinschaftsgefühl.*

(4, 137)

*Hier begegnen wir einem der wichtigsten Hindernisse
gegen Eheglück: dem allgemeinen Glauben, dass durch
Streit etwas gewonnen werden kann.*

(4, 105)

Immer, wenn ein Konflikt entsteht, ist gewiss die erste Entscheidung, die beide Teile – wenn auch unbewusst – treffen, ob sie diese Vorfälle zu einem Streit benützen wollen, um zu verletzen und verletzt zu werden, oder ob sie versuchen, aufrichtig das Problem zu lösen.

(4, 105)

Wenn wir selbstsicherer wären, sicherer unseres eigenen Wertes und unserer Stellung, könnten wir unser eigenes Versagen und das der uns nahestehenden Menschen bereitwilliger hinnehmen; wir würden sie dann nicht als Ausdruck unseres eigenen Wertes und unserer eigenen Bedeutung betrachten.

(4, 107)

Wir denken immer, es sind die anderen, die uns dazu bringen, ihnen etwas anzutun, aber wir sind es selbst, die ihnen etwas antun.

(3, 15)

*Ob wir [...] Fehler [eines Mitmenschen] betonen
oder seine Tugenden, hängt von unserer Einstellung
zu ihm ab.*

(4, 113)

*Im Moment des Zusammenstoßes sind Worte
bedeutungslos, und es zählen nur die Taten.*

(3, 22)

Niemand tut irgendetwas, was er nicht tun will.

(3, 10)

*Wir können uns auf unsere eigenen Gefühle in dem
Sinn verlassen, dass sie genau das hervorbringen, was
wir erwarten. Sie können uns in das Elend führen,
aber das ist nicht ihr Fehler; sie sind nur Diener, die
das Verlangen ihres Meisters erfüllen. Die
verantwortlichen Meister sind unsere Absichten und
Erwartungen, unsere Lebensanschauung.*

(4, 88–89)

*Der Hauptfaktor einer passenden Wahl ist der gute
Wille, überhaupt zu wählen.*
(4, 95)

*Wenn unsere Beziehung zu dem anderen Geschlecht
unglücklich ist, dann müssen wir zuerst uns selbst
besser kennen lernen.*
(4, 96)

*Wenn jemand in einer lieblosen Ehe friert, dann
braucht er nicht einen neuen Ehegefährten zu suchen,
um seine Gefühle zu erwecken; er kann versuchen,
seinen jetzigen Gefährten besser kennen zu lernen, und
mit mehr Verständnis mag sich dann die zweite Wahl
des gleichen Menschen als glücklicher erweisen.*
(4, 96)

*Es gibt Umstände, unter denen die Trennung die
einzige Möglichkeit zu einem menschenwürdigen
Weiterleben bietet, aber die Ehescheidung beweist nicht
immer die Unverträglichkeit. Viele Ehen könnten
erhalten bleiben, und manch eine fehlerhafte Wahl*

könnte in eine richtige verwandelt werden, wenn die Menschen es besser verstünden zusammenzuleben.

(4, 96)

Mut und Gemeinschaftsgefühl, sofern sie nicht schon vorher entwickelt wurden, müssen bewusst gepflegt werden, um eine Ehe vorzubereiten oder aus einer schon geschlossenen Ehe das Beste zu machen.

(4, 115)

Solange beide Partner das Vertrauen haben, sich gemeinsam und offen den Problemen zu stellen, wird tatsächlich kein Problem die eheliche Verbindung stören.

(4, 122)

Solange wir nicht an unserer eigenen Fähigkeit, an unserem Einfluss und unserer Anziehungskraft zweifeln, können wir niemals eifersüchtig sein.

(4, 124)

*Zeichen der Hochschätzung und Achtung können jede
Neigung zur Eifersucht abbiegen.*

(4, 131–32)

*Geselliger Kontakt mit Freunden, gesellschaftliches
Leben, das ein Paar mit anderen verbindet, müssen das
Leben zu Hause ergänzen, so wie Arbeit und Erholung
einander ergänzen. Eines davon zu vernachlässigen
ist schädlich.*

(4, 167)

*Feindseligkeit tritt nur auf, wenn wir das Vertrauen in
unseren Erfolg verlieren.*

(4, 101)

*Wenn wir uns nicht beherrschen lassen von dem
Widerwillen gegen die Bedingungen, in denen wir uns
befinden, können wir die Bereiche entdecken, in denen
Veränderung und Verbesserung möglich sind.*

(2, 45)

Wenn wir nicht bekommen, was wir wünschen oder was wir zu verdienen glauben, so strafen wir, obwohl wir auf diese Weise die Bereitschaft des andern, seinen Teil beizutragen, verringern.

(4, 110)

Worte werden genau so oft dazu benutzt, die Bedeutung einer Handlung zu verbergen, wie dazu, sie zu erklären.

(2, 39)

Akzeptieren ist mehr als Übereinstimmung. Es ist der Ausdruck einer positiven Haltung zu etwas oder zu jemandem, trotz seiner Fehler oder Mängel.

(4, 102)

Im Fall von widerstreitenden Interessen ist es ratsam, dass jeder tut, was er will: keinen Zwang ausüben, sich aber auch nicht zwingen lassen.

(4, 106)

Unsere eigenen Gefühle sind gute Führer, wenn wir sie als Zeichen unserer eigenen Absichten betrachten und nicht, wie viele es törichterweise tun, als eine „natürliche Reaktion" auf einen Reiz von außen.

(4, 110–111)

Es ist nur allzu menschlich, andere zu kritisieren, wenn wir unter unseren eigenen Fehlern zu leiden haben. Dann interessieren wir uns für die Fehler anderer.

(4, 112)

*Es ist ein schwerer Irrtum, die Ehe als eine Lösung anzusehen. Sie ist eine **Aufgabe**.*

(4, 114)

Alles, was bei Mann und Frau das Gefühl der Zusammengehörigkeit steigert, stärkt ihre Widerstandskraft gegen Gefahren, die von innen oder außen drohen.

(4, 115)

Je größer das Problem ist, das den Menschen gemeinsam zu lösen gelingt, umso enger wird ihre Verbindung werden, weil sie in ihren Schwierigkeiten einander brauchen und auch finden können.

(4, 122)

Nur wenn wir die volle Verantwortung für unsere Absichten auf uns nehmen und dadurch auch für unsere Gefühle, können wir uns selbst helfen.

(4, 134)

Eine der grundsätzlichen Voraussetzungen für eine Lösung ist die Erkenntnis, dass der einzige Punkt, von dem jeder der beiden ausgehen kann, der ist, bei sich selbst zu beginnen.

(4, 135)

*Wenn wir irgendeinem Eheproblem gegenüberstehen, so ist die einzige Frage, die zu einer konstruktiven Lösung führt, die: „Was kann **ich** tun?"*

(4, 136)

Wenn wir annehmen, dass unsere Sicherheit von anderen gewährleistet werden kann, erliegen wir einem sehr weit verbreiteten Irrtum.

(3, 31)

Es ist die Pflicht eines jeden Ehepaares, nicht nur zu lernen, wie sie miteinander auskommen, sondern auch, wie sie zusammen das Leben genießen.

(4, 168)

Umwerben und charmant sein ist nach der Heirat nicht weniger nötig als vorher, trotz des missverstandenen Sprichworts, dass es sinnlos sei, einer Straßenbahn nachzujagen, die man schon bekommen hat.

(4, 108)

Gute Freunde, die dem Mann und der Frau gleich ergeben sind, sind eine unschätzbare Hilfe in Zeiten der Not.

(4, 167)

In einer guten Ehe werden beide Partner bessere Menschen lediglich dadurch, dass sie zusammenleben. In einer erfolglosen Ehe weckt jeder im anderen die schlechtesten Eigenschaften.

(4, 168)

Wenn wir ein Kind in die Welt setzen und dies bewusst und freiwillig geschieht, so ist dies eine der vollkommensten Äußerungen des Gemeinschaftsgefühls, des Gefühls, dass wir zur menschlichen Gemeinschaft gehören.

(4, 182)

Wir können unser ganzes Leben ändern und auch die Haltung der Menschen um uns herum, einfach indem wir uns selbst ändern.

(4, 169)

Alles, was auf der Grundlage von Angst getan wird, ist gefährlich und vermehrt Leid und Elend.

(4, 175)

*Der gute Wille zur Zusammenarbeit kann jedes
Hindernis überwinden, und ohne diesen grundsätzlich
guten Willen können selbst kleine Hindernisse nicht
bewältigt werden.*

(4, 115)

*Einerlei, wie schwierig ein Problem auch sein mag, es
soll und kann gemeinsam gelöst werden, vorausgesetzt,
dass beide Glauben, Mut und Verlangen nach einer
Lösung haben.*

(4, 122)

*Eine neue menschliche Beziehung, auf gegenseitiges
Verständnis und gegenseitige Hilfe begründet, verlangt
einen vertieften Geist der Kameradschaft, der allein
Frieden zwischen Mann und Frau bringen kann,
unter Achtung der Rechte des anderen und seiner
Würde anstelle von Angst und Misstrauen.*

(4, 229)

III

Kinder ermutigen: Vertrauen schenken und Verantwortung übergeben

*Das Kind braucht dauernd Ermutigung. Es braucht
Ermutigung, wie eine Pflanze das Wasser braucht.*
(4, 197)

*Ermutigung besteht darin, das Selbstvertrauen und den
Selbstrespekt zu vergrößern.*
(3, 12)

Entmutigung ist die Wurzel allen Fehlverhaltens.
(3, 12)

*Kinder müssen als gute Kinder erkannt werden, die
sich nur deshalb falsch verhalten, weil sie unglücklich
sind, oder weil sie gefunden haben, dass es sich lohnt,
unartig zu sein.*
(7, 121)

*Elterliche Liebe beweist man am besten durch
dauernde Ermutigung zur Selbständigkeit. Wir müssen
damit schon bei der Geburt beginnen und es durch die
ganze Kindheit hindurch beibehalten.*
(7, 61)

*Man kann einem Kind nicht einreden, Verantwortung
zu übernehmen, man muss sie ihm geben.*

(8, 45)

*Wenn die Eltern anfangen zu verstehen, dass sie zwar
ein Kind nicht daran hindern können, zu tun, was
ihm seine physische Fähigkeit zu tun erlaubt, dass sie es
aber lehren können, dass jede Handlung eine Folge hat,
für die es verantwortlich ist, dann werden wir
vielleicht als Gleiche zusammenleben können.*

(8, 15)

*Logische Folgen drücken die Wirklichkeit des
gesellschaftlichen Lebens, nicht der Person, aus; Strafe
drückt Macht der persönlichen Autorität aus.*

(8, 57)

*Kinder lernen aus dem Druck der Wirklichkeit und
der Lage viel mehr als aus irgendeiner Form verbaler
Belehrung. Logische Folgen sind eine Methode des
Handelns, nicht des Redens.*

(8, 139)

*Es ist der Druck der Wirklichkeit, der den größten
Einfluss auf das Kind ausübt. Aber man muss sich vor
Ärger oder dem Geist der Vergeltung hüten, sonst wird
die Anwendung der logischen Folgen versagen.*

(8, 87)

*Wenn man sich einmal auf einen Kampf einlässt, hat
das Kind schon gewonnen!*

(8, 29)

*Das Streben nach Beachtung wird häufig mit gestörtem
Verhalten gleichgesetzt, aber auch hinter hilfsbereitem
Verhalten sehr junger Kinder kann der Wunsch nach
besonderer Beachtung stecken.*

(8, 28)

*Eine Mutter kann Ungehorsam in einem Kind am
besten einschränken, wenn sie nein sagen kann. Sie
kann Erfolg haben, wenn sie nicht redet, sondern still
handelt. Solange sie redet, ist sie versucht zu kämpfen.*

(8, 91)

Faulheit erklärt eine Verhaltensweise nicht; sie beschreibt sie nur.

(3, 11)

Lehrer können lernen, die Absichten ihrer Schüler zu verstehen und sie angemessen zu berücksichtigen. Wenn sie nicht erkennen, dass das Verhalten ihrer Schüler eine bestimmte Absicht verfolgt und wenn sie den fehlgeleiteten Absichten des Kindes nicht entgegensteuern, ist der Lehrer – ebenso wie die Eltern – dem Kinde nicht gewachsen.

(6, 179)

Das gestörte Kind hat falsche Ansichten von sich selbst und vom Leben und benutzt sozial inakzeptable Mittel, um seinen Platz zu finden.

(9, ix)

Um die Grundbedürfnisse eines Kindes zu erkennen, muss man das Kind in all seinen Facetten berücksichtigen.

(9, xiv)

Vertrauen schenken und Verantwortung übergeben

*Das Kind reagiert nicht nur. Es agiert auch.
Angeborene Veranlagungen sind weniger wichtig als
das, was es später daraus macht.*
(9,17)

*Einem Kind, das verwöhnt wird, nimmt man die
notwendige Gelegenheit, seine eigene Stärke und seine
Fähigkeiten zu erproben.*
(9,27)

*Ein ungezogenes oder sozial auffälliges Kind ist vor
allem ein entmutigtes Kind.*
(9,39)

*Ein auffälliges Kind ist vor allem ein unglückliches
Kind, das Ermutigung braucht und nicht Tadel und
Demütigung.*
(9,51)

Wir unterschätzen in hohem Maße die Fähigkeiten von Kindern, ihre Intelligenz und ihr Verantwortungsbewusstsein. Weil wir nicht länger über sie bestimmen können, müssen wir sie als gleichberechtigte Partner für alle gemeinsamen Aktivitäten gewinnen.

(9, 82)

Ermutigung bedeutet mehr als Belohnung. Ermutigung ist der Ausdruck von Glauben und Vertrauen in das Kind gerade auch dann, wenn das Kind Fehler macht.

(9, 100)

Das Lob kann zur Belohnung werden, was in gewissem Sinn umgekehrte Bestechung ist: das Kind wird die Aufgabe nur tun, wenn es am Ende die Belohnung bekommt.

(8, 42)

Vertrauen schenken und Verantwortung übergeben

Es gibt einen grundlegenden Unterschied zwischen Belohnung und Ermutigung, obwohl beiden freundliche Haltung zugrunde liegt und sie daher gleichartig scheinen. Der Unterschied liegt in Zeitpunkt und Wirkung. Belohnung erhält das Kind gewöhnlich für etwas, das es gut gemacht hat, für etwas Erreichtes, wie klein es auch sei. Ermutigung erhält das Kind, wenn es versagt.

(8, 43)

Kinder sind ganz natürlich. Sie sind aufrichtig in dem, was sie tun.

(1, 5)

Zwingen Sie einem Kind nicht Ihren Willen auf, aber lassen Sie sich auch nicht den Willen Ihres Kindes aufzwingen.

(1, 152)

Was Kinder brauchen ist Wertschätzung. Wertschätzung ist nicht zu verwechseln mit Lob.

(1, 156)

Es ist nicht notwendig zu schimpfen, ärgerlich zu werden oder Drohungen auszusprechen. Gute Beziehungen sind gekennzeichnet durch gleichbleibende Freundlichkeit und Festigkeit.

(6, 183)

Kinder haben eine unvergleichliche Fähigkeit, Menschen, denen sie begegnen, einzuschätzen. Sie wissen sofort, was sie von einem Erwachsenen erwarten können.

(6, 186)

In der frühen Kindheit, in den prägenden Jahren, entwickelt jeder Mensch bestimmte Bilder von sich selbst und den anderen, bestimmte Methoden, um mit anderen Menschen und Situationen umzugehen, bestimmte Ziele, die Sicherheit gewährleisten sollen, bestimmte Richtlinien, anhand derer er sich im komplexen sozialen Gefüge zurechtfinden kann. Dieses Muster, das er für sich selbst entwickelt, bestimmt seine gesamte Persönlichkeit.

(6, 197)

Die meisten kleinen Kinder kommen [...] zu dem Schluss, dass sie, wenn schon nicht Zuneigung und Anerkennung, so doch wenigstens Beachtung erringen können. Und wenn sie keine günstige Beachtung finden können, verlegen sie sich auf ungünstige, denn ihre größte Furcht ist, nicht beachtet zu werden.

(8, 20)

Die große Mehrheit von Leistungsschwächen, vor allem auf geistigem Gebiet, ist die Folge von Entmutigung und nicht angeborene Unfähigkeit.

(8, 31)

Jedes Kind – übrigens auch jeder Erwachsene – handelt seinen Erwartungen entsprechend.

(8, 33)

Die meisten Eltern wissen gar nicht, dass die Absicht des Kindes ist, Vater oder Mutter in einen Kampf zu verwickeln, nicht unbedingt, ihn zu gewinnen.

(8, 29)

In Wahrheit gibt es überhaupt nicht so etwas wie eine grundlose Tat; hinter jedem Verhalten steht ein Zweck.

(8, 29)

Das Kind, das auf Rache aus ist, hat die Hoffnung aufgegeben, Wert durch konstruktive Tätigkeit erlangen zu können.

(8, 30)

Um die Handlungen des Kindes zu verstehen, muss man sie im Zusammenhang sehen, nicht als gingen sie allein von ihm aus, sondern als Teil einer Gesamtsituation. An dieser arbeiten alle, das Kind, die Gleichaltrigen, seine Eltern und seine Lehrer mit, um der kindlichen Handlung, ob recht oder unrecht, eine Bedeutung zu geben.

(8, 33)

*Wenn Eltern einen Konflikt mit dem Kind haben,
verfahren sie gewöhnlich so, dass sie streiten oder
nachgeben. Wenn sie streiten, verletzen sie die Achtung
vor dem Kind; wenn sie nachgeben, verletzen sie die
Achtung vor sich selbst.*

(8, 37)

*Die beste Formel ist, Kinder mit Güte und mit
Festigkeit zu behandeln. Güte drückt Achtung vor dem
Kind aus, Festigkeit weckt Achtung beim Kind.*

(8, 37)

*Zur Ermutigung gehört wesentlich die Fähigkeit, das
Kind als der Mühe wert anzunehmen ohne Rücksicht
auf seine Mängel und ihm zu helfen, seine Fähigkeiten
und Möglichkeiten zu entwickeln.*

(8, 39)

*Um das Kind zu ermutigen, müssen wir ihm erlauben,
Risiken einzugehen. Es ist besser, beschädigte Möbel
zu haben als ein geschädigtes Kind.*

(8, 41)

Übertriebene Fürsorge hat die gleiche entmutigende Wirkung wie Demütigung; sie beraubt das Kind der Erfahrung seiner eigenen Stärke.

(8, 46)

Ein noch so gerechtfertigtes Mitleid mit dem Kind führt es nur zum Selbstmitleid, und niemand ist so elend dran wie jemand, der sich selbst leid tut.

(8, 46)

Ängste drücken nicht immer eine Unsicherheit des Kindes aus; tatsächlich werden sie verschwinden, wenn die Eltern Verständnis, aber keine besondere Sorge bekunden.

(8, 46)

Ein unselbständiges Kind ist ein Tyrann, der wirkliche oder angebliche Schwäche ausnutzt, um andere in seinen Dienst zu stellen.

(8, 46)

Vertrauen schenken und Verantwortung übergeben

Niemand muss mit einem Kind streiten, wenn er es nicht will.

(8, 71)

Jede Annahme der Unfähigkeit eines Kindes, sich zu benehmen und zu folgen, weist einen weitverbreiteten Pessimismus und ein ebenso weitverbreitetes Misstrauen ihm gegenüber auf. Wir unterschätzen gewöhnlich die Fähigkeit des Kindes, sein eigenes Benehmen zu bestimmen.

(8, 104)

Der Ton der Stimme und die Wahl der Worte unterscheiden logische Folgen deutlich von strafender Vergeltung.

(8, 125)

Nachgiebigkeit missachtet das Bedürfnis nach Ordnung und Regeln.

(3, 25)

Einem Kind nachzugeben und es zu verwöhnen verhindert niemals Reibereien, sondern führt immer zu einem Kampf.

(4, 189)

Wenn wir bessere Kinder haben wollen, müssen Eltern bessere Erzieher werden.

(2, 39)

Jede falsche Antwort auf die Frage eines Kindes gefährdet das Vertrauen des Kindes in seine Eltern.

(3, 2)

Eltern kommen mit ihren Kindern nicht zurecht, wenn sie annehmen, dass sie ihre Kinder unterwerfen können.

(3, 5)

Wir können die Freundschaft und Achtung eines Kindes nicht gewinnen, wenn wir es demütigen oder seinen Launen nachgeben.

(2, 45)

Vertrauen schenken und Verantwortung übergeben

Der richtige Weg, Kinder zu erziehen, ist identisch mit der richtigen Art, mit unseren Mitmenschen umzugehen.
(2, 39)

Wir nennen ein Kind dumm, böse oder faul, wenn eigentlich nur das so genannt werden kann, was es gemacht hat.
(3, 11)

Ein Kind davon abzuhalten, Unfug anzustellen, ist ebenso schwierig, wie es für seine Mutter ist, sich nicht davon provozieren zu lassen.
(2, 44)

Wenn ein Kind in einen Machtkampf gerät, muss es genau das tun, was es nicht tun darf und sich weigern zu folgen. Das ist für das Kind eine Frage der Ehre.
(2, 44)

Die meisten Eltern von heute schwanken zwischen Verhätschelung und Unterdrückung in der Erziehung ihrer Kinder.

(2, 44)

Es gibt keine schlechten Kinder, nur entmutigte.

(2, 42)

Ein Kind benimmt sich dann schlecht, wenn es daran zweifelt, mit gutem Benehmen zu bekommen, was es braucht.

2, 42)

Wir unterschätzen bei weitem, was unsere Kinder alles tun können.

(2, 42)

Regen Sie Kinder dazu an, selbst Lösungen zu finden. Sagen Sie sie ihnen nicht vor.

(2, 42)

*Die positive Entwicklung eines Kindes verläuft parallel
zu der der Eltern.*

(2, 42)

*Jedes Kind, das übermäßig abhängig ist, stellt
übermäßige Ansprüche an seine Eltern.*

(2, 42)

*Im Spiel findet Lernen ohne einen Gedanken an
Gewinnen und Verlieren oder an Druck und
Widerstand statt.*

(3, 23)

*Eltern sollten das Richtige unterstützen, statt das
Falsche zu verbieten.*

(3, 8)

*Die größte Anregung für die Entwicklung eines Kindes
besteht darin, es Erfahrungen auszusetzen, die jenseits
seiner Reichweite zu liegen scheinen, es aber nicht sind.*

(3, 3)

Kinder ermutigen

Es lohnt sich oft, Kinder in einem falschen Ansatz zu unterstützen und sie die Folgen erleben zu lassen.

(3, 4)

Wir können ein Kind entmutigen, indem wir nichts von ihm erwarten oder indem wir zu viel von ihm erwarten.

(3, 10)

Es gibt viele Dinge, die Eltern tun können, aber zuerst müssen sie sich dessen bewusst werden, was sie nicht tun sollten.

(3, 9)

Jedes Kind weiß, was es tun sollte, aber das bedeutet nicht, dass es das auch tun wird.

(2, 42)

Wenn Sie etwas tun, was Ihr Kind auch allein tun könnte, nehmen Sie dem Kind seine Verantwortung gegenüber dem Leben.

(2, 42)

*Ein abhängiges Kind ist eines, das andere tyrannisiert,
das jeden in seinen Dienst stellt.*
(2, 42)

*Eine gute Beziehung beruht auf Freundlichkeit und
Festigkeit. Nur wenn wir dem Kind gegenüber fest und
bestimmt sind, wird es uns respektieren.*
(2, 42)

Festigkeit hat nichts mit Zwang zu tun.
(4, 109)

*Je weniger fest und sicher wir sind, um so mehr neigen
wir dazu, bange zu machen und Zwang auszuüben.*
(4, 109)

Nur zu reden ist eine der ineffektivsten Reaktionen.
(2, 42)

Rhythmus (oder Gewohnheit) ist eine Voraussetzung des Lebens. Je eher ein Kind einem gewissen Rhythmus begegnet, umso besser.

(2, 42)

Wenn wir in einem Machtkampf einfach nichts tun, nehmen wir dem Kind die Macht.

(2, 42)

Einem Kind nachzugeben und es zu verwöhnen verhindert niemals Reibereien, sondern führt immer zu einem Kampf.

(4, 189)

Selbstvertrauen, Erkenntnis der Stärke seiner eigenen Möglichkeiten, das bedeutet Mut. Wer immer dies bieten kann, vermag bei jedem Menschen, dem er begegnet, dessen Leistung zu erhöhen und die nötige soziale Anpassung zu erleichtern – besonders bei einem Kinde, das sich gerade nach dieser Art von Beistand sehnt.

(4, 198)

*Unsere emotionale Reaktion auf ein Kind entspricht
den Absichten des Kindes.*

(2, 42)

*Wir sollten nie mit einem Kind sprechen, wenn wir
nicht sicher sind, das es zuhören will. So schließen wir
90 Prozent elterlichen „Predigens" aus.*

(2, 42)

*Die halbe Arbeit, ein Kind zu ermutigen, ist damit
getan, dass wir Entmutigung durch Demütigung oder
übermäßiges Beschützen vermeiden. Die andere Hälfte
der Arbeit liegt darin, zu wissen, wie man ermutigt.
Wir ermutigen immer dann, wenn wir bei allem, was
wir tun, dem Kind zu einem mutigen und
überzeugenden Selbstvertrauen verhelfen.*

(7, 44)

*Wir können unsere Kinder nicht vor dem Leben
schützen. Es ist deshalb unbedingt notwendig, sie
darauf vorzubereiten.*

(7, 57)

Mitleid mit Kindern zu haben ist eine unserer schädlichsten Haltungen: Sie zeigt ihnen und uns, dass wir weder an sie noch an ihre Fähigkeit glauben, mit diesen Dingen fertig zu werden.
(7, 57)

Lob als ein Mittel der Ermutigung muss sehr vorsichtig angewandt werden [...]. Betrachtet ein Kind Lob als Belohnung, dann wird das Nichtloben zur Geringschätzung.
(7, 61)

Ein Kind, das dauernd zurechtgewiesen wird, neigt nicht nur dazu, alles falsch zu machen, sondern lernt, sich vor Fehlern zu fürchten.
(7, 113)

Wenn wir einem Kind erlauben, die Folgen seines Tuns zu erfahren, bieten wir eine ehrliche und wirkliche Lernsituation.
(7, 82)

Vertrauen schenken und Verantwortung übergeben

Wir haben weder das Recht, die Verantwortung unserer Kinder auf uns zu nehmen, noch dürfen wir die Folgen ihrer Handlungen tragen. Das ist alles ihre Sache.

(7, 83)

Wir müssen uns immer wieder vor Augen halten: „Ich habe kein Recht, eine Person, die sozial gleichwertig ist, zu bestrafen; ich habe aber die Verantwortung, mein Kind zu leiten und zu führen. Ich habe nicht das Recht, meinen Willen durchzusetzen; aber ich habe die Verantwortung, seinen ungebührlichen Forderungen nicht nachzugeben."

(7, 91)

Festigkeit ohne Herrschen erfordert Übung in gegenseitiger Achtung. Wir müssen dem Kind das Recht lassen zu entscheiden, was es tun will. Achtung für uns selbst gewinnen wir durch unsere Weigerung, auf die Gnade des unartigen Kindes angewiesen zu sein.

(7, 93)

Festigkeit ist unsere Weigerung, den ungebührlichen Forderungen des Kindes nachzugeben oder ihm jede Laune zu erfüllen. Wenn wir uns einmal im Sinne der allgemeinen Ordnung entschieden haben, müssen wir dabei bleiben. Das Kind macht dann bald mit.

(7, 95)

Man kann nicht fest sein, solange man spricht. Festigkeit drückt sich nur in ruhigen Handlungen aus. Sobald man zu sprechen anfängt, kommt man auf Abwege, lässt sich in fruchtlose Diskussionen ein und erreicht nichts als feindselige Gefühlsausbrüche.

(7, 96)

Der Ton unserer Stimme und die Art, wie wir etwas sagen, sind wichtige Umstände beim Gewinnen oder Verlieren von Mitarbeit.

(7, 139)

Festigkeit wird gewöhnlich ruhig ausgedrückt, während Machtkämpfe üblicherweise durch Wortschlachten und zornige Worte betont werden.

(7, 155)

Vertrauen schenken und Verantwortung übergeben

Ein Kind, das dauernd Aufmerksamkeit will, ist immer ein unglückliches Kind. Es meint, ohne Aufmerksamkeit keinen Wert, keinen Platz zu haben.

(7, 143)

So viele Sorgen, die wir uns mit unseren Kindern machen, sind unnötig. Und was noch schlimmer ist, diese wissen es und benützen sie als Werkzeug, um unsere Aufmerksamkeit zu bekommen oder um einen Machtkampf vom Zaune zu brechen oder sich zu rächen.

(7, 271)

Wie viel besser wäre es für alle, wenn wir uns entspannen, unseren Kindern mehr Vertrauen und vor allem die Gelegenheit geben würden, ihr Leben selbst zu leben.

(7, 273)

IV

Gleichwertigkeit in der Familie:
Die Zusammenarbeit von Eltern und Kindern
fördern

Die Zusammenarbeit von Eltern und Kindern fördern

Solange wir uns emotional und intellektuell dagegen sperren, das Kind als gleichberechtigt anzusehen, können wir es nicht in einer demokratischen Atmosphäre leiten. Wenige Erwachsene behandeln Kinder so, wie sie andere Erwachsene behandeln würden.

(10, 80–81)

Unsere Kinder reagieren nicht mehr auf autokratische Methoden. Wir müssen nach vorne blicken und Perspektiven entwickeln, die Zusammenarbeit, Verantwortung und Wachstum fördern.

(9, 277)

Demokratisches Zusammenleben in der Familie beruht auf der Grundlage sozialer Gleichwertigkeit.

(7, 304)

Wenn man mit einem Kind zu tun hat, müssen die Erwachsenen an ihre eigene Würde denken und ebenso an die des Kindes. Seine eigene Würde zu vernachlässigen bedeutet Nachgiebigkeit, des Kindes Würde zu vernachlässigen ist Unterdrückung. Beides zerstört die Zusammenarbeit; beides macht Tyrannen und Sklaven.

(4, 194)

Wenn es keine Achtung vor den Rechten anderer und kein Verständnis dafür gibt, dass in der heutigen Familie keiner wirklich der Herr ist, herrscht keine wahre Demokratie, sondern Chaos.

(8, 15)

Demütigung und Verletzung charakterisieren die Beziehung von Eltern und Kindern häufiger als Achtung und Menschenwürde. Es wäre lohnend, unsere Verwandten und Kinder – und Eltern – so zu behandeln, wie wir Zufallsbekannte behandeln, denen wir in Gesellschaft begegnen.

(4, 108)

Alles, was Kinder wollen, ist, sich zugehörig zu fühlen.
(7, 63)

Die erste Gruppe für das Kind ist seine Familie. Das Kind, das so aufgewachsen ist, dass es ein Gefühl seines Wertes innerhalb seiner Familie erlebt, wird sich wohlfühlen und sich in sozial erfreulicher Weise verhalten.
(5, 11)

Das Begriff der Reife ist eine Form der Selbstverherrlichung von einer Gruppe von Erwachsenen, die sich ihren Kindern nicht gewachsen fühlt.
(3, 5)

Normalerweise [übernehmen] der Vater und die Kinder nicht allzu viel Verantwortung [...], weil die Mutter so tüchtig ist, dass sie sich um alles kümmert.
(3, 11)

*Eine Mutter, die ihr Kind unablässig an Dinge
erinnert oder sie für das Kind erledigt, nimmt dem
Kind nicht nur eigene Verantwortung ab, sondern
wird selbst von ihm abhängig:
Durch ihr Gefühl, als Mutter wichtig zu sein.*

(3, 2)

*Unter dem Vorwand, um ihr Wohl besorgt zu sein,
lassen wir Kinder im Zustand der Hilflosigkeit und
Abhängigkeit, damit wir groß, mächtig und
beschützend erscheinen, und zwar in den Augen des
Kindes genauso wie in unseren eigenen.*

(7, 193)

*Menschliche Beziehungen basieren auf Interaktionen,
die größtenteils unbewusst ablaufen.*

(9, 18)

*Schon sehr junge Kinder übernehmen Verantwortung,
wenn Erwachsene sie ihnen nur übertragen.*

(10, 83)

Elterliche Liebe beweist man am besten durch dauernde Ermutigung zur Selbständigkeit. Wir müssen damit schon bei der Geburt beginnen und es durch die ganze Kindheit hindurch beibehalten.

(7, 61)

Unter dem Namen und Vorwand von Mutterliebe kann eine entmutigte, rebellische, gescheiterte und unharmonische Frau Lob verlangen für das, was in Wirklichkeit Selbstsucht, Angst und Herrschsucht ist.

(4, 187)

Vielleicht mehr als alles andere verübeln die Heranwachsenden der erwachsenen Gesellschaft, dass diese nicht willens ist, sie über Tätigkeiten und Regeln zu ihrem eigenen Besten mitentscheiden zu lassen.

(8, 11)

Überängstlichkeit und übertriebene Fürsorge von Eltern hängen meist mit ihren Versagensängsten zusammen.

(1, 47)

Misstrauen ist Gift für jede Beziehung.
(10, 89)

Für einen Jungen ist es ein Nachteil, einen erfolgreichen Vater zu haben; für ein Mädchen ist es ein Nachteil, eine erfolgreiche Mutter zu haben.
(2, 42)

Kinder, die in ihren Eltern Feinde sehen, verwenden eine Menge Energie und Intelligenz darauf, sie zu überlisten.
(5, 79)

Kinder beschließen untereinander, welche Rolle sie in der Familie spielen wollen, und die Eltern verstärken ihre Entscheidung.
(3, 8)

Bei der Behandlung der Kinder müssen [Eltern] darauf achten, dass jedes Kind zu einer positiven und gemeinschaftsfördernden Richtung ermutigt wird, die unabhängig ist von denen der andern Kinder der Familie.

(8, 25)

Die Hauptgefahr für die Eltern, die die Neigungen ihrer Kinder nicht verstehen wollen oder können, besteht darin, dass ein Kind zu dem Schluss kommen kann, es könne durch positiven Wettstreit mit seinen Geschwistern keine Anerkennung, aber einen großen Teil von Beachtung gewinnen, wenn es die umgekehrte Richtung einschlägt.

(8, 25)

Wenn Geschwister um etwas kämpfen, das ihnen offensichtlich gar nicht wichtig ist, kämpfen sie in Wirklichkeit um die Aufmerksamkeit der Mutter. Sie kämpfen, um herauszufinden, wer der Favorit ist, wer stärker ist oder wer die größte Aufregung hervorrufen kann.

(5, 81)

Häufig durchschauen Eltern die Absichten ihrer Kinder nicht und werden so ungewollt Opfer ihrer Provokationen.

(9, 26)

Wer immer verliert, kann zu dem Ergebnis kommen, dass er keine Chance hat zu gewinnen; wer immer gewinnt, muss möglicherweise später ständig beweisen, dass er gewinnen kann. Beide legen sich auf ein Leben fest, das vom Wettbewerb bestimmt ist.

(5, 13)

Obwohl die Familie von den Eltern gegründet worden ist, darf sie nicht in deren alleiniger Verantwortung bleiben. Diese liegt bei allen Mitgliedern, und jeder ist aufgefordert, einen Beitrag zu leisten.

(5, 19)

Die Zusammenarbeit von Eltern und Kindern fördern

Während es nicht in jeder Konfliktsituation klar sein mag, was man tun muss, können die Eltern eindeutig erkennen, was sie nicht tun dürfen. Das allein schon bringt einen günstigen Wandel in die Beziehungen zwischen Eltern und Kindern.

(8, Epilog)

Der bewusste Einsatz von Ermutigung und das Wissen und die Fähigkeit, sie effektiv zu nutzen, sind Voraussetzungen jeder konstruktiven und korrektiven Einflussnahme.

(9, 64)

Ermutigung beruht nicht so sehr auf konkreten Aktionen als auf zugrundeliegenden Haltungen. Sie zeigt sich nicht primär in dem, was man sagt und tut, sondern wie man etwas macht. Ermutigung zielt darauf, den Glauben des Kindes an sich selbst zu stärken.

(9, 65)

Die Fähigkeit zu ermutigen bedeutet die Fähigkeit, jemandem Selbstvertrauen einzuflößen.

(10, 122)

Das Gefühl des Zusammengehörens setzt Vertrauen in die anderen voraus, die als Mitgeschöpfe erkannt und akzeptiert werden, und Vertrauen zu uns selbst als einer Quelle von Kraft, die uns befähigt, jedem möglichen Geschehnis gegenüberzutreten.

(4, 99)

Die Eltern machen [einen] Fehler, wenn sie Liebe von ihren Kindern nur deshalb erwarten, weil sie sie gezeugt haben.

(4, 108)

Kinder sind uns gleichwertig geworden. Nicht, was ihre Größe oder Fähigkeiten betrifft, sondern in ihrem Recht auf Selbstbestimmung.

(1, 10)

Probleme mit Jugendlichen können nur in Zusammenarbeit mit den Jugendlichen selbst gelöst werden, indem wir sie als gleichwertige Partner anerkennen.

(1, 14)

Wir müssen Kinder von früh auf in die Verantwortung für die Familie mit einbinden.

(1, 20)

In einer gleichberechtigten Beziehung ist Achtung vor anderen ebenso wichtig wie Selbstachtung.

(9, 26)

Wenn ein Kind erst einmal lernt, sein Gefühl der Minderwertigkeit abzulegen und Mut und Selbstbewusstsein gewinnt, was seinen Platz in der Gruppe angeht, so kann es genießen, Teil einer Gruppe zu sein, ohne sich um Prestige und Status zu sorgen.

(9, 49)

Gleichwertigkeit in der Familie

Von dem Platz, den ein Kind in der Familie einnimmt, leitet es sein Zugehörigkeitsgefühl zu der Gesellschaft im ganzen ab.

(5, 19)

Viele Eltern gehen törichterweise davon aus, dass sie allein für die Familie verantwortlich sind. Sie versuchen, ihre Kinder wie Ehrengäste zu behandeln, die vor Unbill geschützt werden müssen und so wenig Verantwortung wie möglich tragen dürfen.

(5, 19)

Gemeinschaftsgefühl bedeutet ein Gefühl für die Menschheit, Interesse für die anderen, soziales Eingebundensein, Solidarität mit anderen Menschen.

(5, 20)

Der ungerechtfertigte Überlegenheitsanspruch einer Person oder Gruppe gegenüber anderen ist der Hauptgrund für gesellschaftliche Konflikte, besonders in Ehe und Familie.

(5, 24)

Für jedes Individuum ist die Familie ein verkleinertes Modell der Welt, und besonders für die Kinder ist das Lebenskonzept der Familie maßgebend dafür, wie sie sich später anderen gegenüber verhalten.

(5, 32)

Die Eltern erwarten, dass die Kinder ihnen und anderen älteren Personen Respekt erweisen, machen sich aber nicht klar, dass Kinder gleichermaßen der Achtung wert sind.

(5, 37)

Die meisten von uns wissen, dass sie nicht vollkommen sein können, aber wir verschwenden unser Leben mit dem Versuch, besser zu werden, als wir sind. Nur wenn uns klar wird, dass Vollkommenheit unerreichbar ist, können wir aufhören, danach zu streben.

(5, 40)

Der Mensch, der immer nach Vollkommenheit strebt, muss ständig in Bewegung sein, und er erlebt, dass er sich nicht nur aufwärts, sondern auch abwärts bewegt. Er kann nie sicher sein, dass er sich weit genug oben befindet, und muss deshalb in Spannung, Furcht und Ängsten leben. Er ist ständig verwundbar.

(5, 40)

Bei jedem Streit ist es nötig, den zugrundeliegenden Konflikt aufzudecken und klar herauszustellen. Das, worüber argumentiert wird, betrifft meist nicht das eigentliche Problem; Ursache des Streits sind die gestörten menschlichen Beziehungen.

(5, 81)

Sprache wieder als Mittel der Kommunikation innerhalb der Familie zu etablieren, hieße, das Gespräch immer dann zu vermeiden, wenn ein Konflikt aufkommt.

(3, 8)

Sprechen kann die Menschen zusammenbringen, wenn sie in einer freundlichen Stimmung sind; aber wenn sie miteinander streiten und ärgerlich werden, dann sind Worte so schlimm wie Schläge und Peitschenhiebe und verletzen mehr als irgendein körperlicher Angriff.

(4, 130)

Zu unseren Kindern reden bedeutet, ihnen zu sagen, wie wir alle Dinge getan haben wollen. Mit unseren Kindern reden heißt, zusammen nach Lösungen zu suchen, was getan werden kann, um ein Problem zu meistern oder eine Situation zu verbessern.

(7, 298)

Zusammenarbeit muss erworben werden, sie kann nicht gefordert werden. Der beste Weg zur Zusammenarbeit ist, frei zu sagen, was jeder denkt und fühlt, um miteinander bessere Wege des Zusammenlebens zu erkunden.

(7, 299)

Gleichwertigkeit in der Familie

*Die einzigen zwei Handlungsweisen, die keine
Feindlichkeit ausdrücken – und deshalb die
Feindlichkeit auch nicht vermehren –, sind der
Gebrauch natürlicher Folgen oder, wenn dies nicht
möglich ist, das Entfernen von der Situation.*

(7, 174)

*Je größer die Schwierigkeit, desto mehr ist die Lösung
Sache der ganzen Familie. Diese Methode entwickelt
gegenseitige Achtung, gegenseitige Verantwortung und
fördert die Gleichberechtigung.*

(7, 304)

*Wenn Menschen miteinander streiten, herrscht
paradoxerweise ein großes Maß an Kooperation. Sie
spielen sich in die Hände, indem sie die
Auseinandersetzung so in Gang halten, dass sie nicht
durch die Niederlage eines Teilnehmers beendet wird.*

(5, 82)

Nur wenn jedes Individuum lange genug den Kampf einstellen kann, um zu entscheiden, was es selbst tun will, ohne von irgendeinem anderen dasselbe zu verlangen, kann eine wirksame Übereinkunft erreicht werden.

(5, 82)

Die Unterwerfung unter die Herrschaft einer Person ist der gefährlichste Weg, aus einer schwierigen Lage herauszukommen; den besten Weg wird man durch gemeinsame Anstrengung finden.

(5, 83)

So, wie alle an der Suche nach einer Übereinkunft beteiligt sein müssen, müssen auch alle an der Verantwortung für die erzielte Übereinkunft beteiligt werden.

(5, 83)

Zwanghaftes Verhalten ist der Ausdruck eines Machtkampfes.

(3, 13)

Schläge sind eines der stärksten Hindernisse bei der Entwicklung einer demokratischen und friedlichen Atmosphäre und der Zusammenarbeit in der Familie, ein Überbleibsel aus Zeiten, die wenig Verständnis für menschliche Würde und menschliche Rechte hatten.

(4, 191)

Wie wenig Chancen haben unsere Kinder doch, Gehör zu finden [...]. Ich bin sicher, wir könnten viel von ihnen lernen, wenn wir ihnen in unseren Familien und Schulen nur zuhören würden.

(1, 23)

Ganz offensichtlich sind neue Wege in der Kindererziehung notwendig, die nicht nur das Bedürfnis des Kindes stillen zu lernen, wie man die eigenen Angelegenheiten regelt und am demokratischen Prozess teilnimmt, sondern uns allen helfen, wirksamer mit der sozialen Revolution fertig zu werden, die um uns herum vor sich geht.

(8, 15)

V

Über die Familie hinaus:
Gegenseitige Achtung ist die Basis der
Demokratie

*Das Verlangen, Teil einer Gruppe zu sein,
kennzeichnet auf grundlegende Weise alle Menschen.
Der Mensch ist ein soziales Wesen und kann nur
innerhalb einer Gruppe vollständig funktionieren.*

(9, 16)

*Alle menschlichen Qualitäten drücken soziale
Interaktion aus. Alle menschlichen Probleme haben
eine soziale Dimension.*

(6, 133)

*Die Gesellschaft wird einzelnen Menschen nicht
übergestülpt, sondern sie besteht aus ihnen.*

(2, 39)

*Es gibt keine durch Demokratie verursachten Übel,
die nicht durch noch mehr Demokratie geheilt
werden könnten.*

(3, 6)

Der Prozess der Demokratisierung ist der Prozess der Gleichstellung.

(3, 13)

Solange alle menschlichen Beziehungen entweder auf Herrschaft oder Unterwerfung beruhten, wurden Interessenkonflikte von dem gelöst, der die Oberhand gewann – und der andere musste klein beigeben. Diese Art von Lösung ist nicht länger wirkungsvoll, weil die Verlierer nur darauf warten, es dem Gewinner heimzuzahlen und zurückzuschlagen.

(1, 28)

Alle unsere Probleme sind mitmenschliche Probleme, denn der Mensch ist ein soziales Wesen.

(3, 27)

Wir müssen uns an den Gedanken gewöhnen, dass Freiheit und Ordnung in einer demokratischen Atmosphäre nicht zu trennen sind.

(3, 30)

In einer autokratischen Gesellschaft sind Handlung und Handelnder identisch. Wer etwas Schlechtes tut, ist schlecht.

(3, 12)

In einer demokratischen Gesellschaft müssen wir zwischen der Tat und dem Täter unterscheiden. Unabhängig davon, wie falsch die Ansichten eines Menschen sind, hat er dennoch seine eigenen Werte und seine Würde.

(3, 12)

Alle Generalisierungen sind Abstraktionen; jeder Mensch ist einzigartig.

(3, 17)

In einer demokratischen Beziehung können Konflikte nur durch Übereinstimmung gelöst werden, auf der Basis von gegenseitiger Achtung.

(4, 101)

Der Mensch ist frei, aber er fühlt sich nicht frei. Wir müssen entdecken, dass wir gut sind, so wie wir sind, um Frieden mit uns zu schließen und in Frieden mit anderen zu leben.

(2, 38)

Abhängigkeit ist Tyrannei.

(3, 12)

In der Psychotherapie versuchen wir, den Patienten von falschen Wertvorstellungen der Gesellschaft zu befreien.

(3, 18)

In einer Demokratie kann man keinem Einzelwesen mehr seine Würde und seinen Wert absprechen oder rauben. Der Mensch ist nicht mehr willens, nur ein unbedeutendes Teilchen einer Masse zu sein.

(8, 12)

Hinter allen Formen des Aufstands steckt ein ähnliches Verlangen: Als gleichwertig anerkannt zu werden.
(8, 12–13)

Der Ruf nach „Recht und Ordnung" und all dem, was in diesem Ausdruck mitschwingt, wird lediglich zu mehr Rebellion führen.
(2, 38)

Eine stabile soziale Beziehung kann nur auf Gleichwertigkeit beruhen, und Zweifel an uns selbst hindern fast jeden von uns daran, sich gleichwertig zu fühlen.
(10, 158)

Wir müssen die unglaubliche Kraft erkennen, die in uns allen angelegt ist und die wir solange nicht nutzen können, wie wir uns als Opfer fühlen.
(3, 27)

Ermutigung bedeutet, einem Menschen zu einem gesteigerten Gefühl seines Wertes, seiner Fähigkeiten zu verhelfen.
(1, 154)

All unsere menschlichen Beziehungen, alle Bemühungen, Besserung herbeizuführen, hängen vollständig vom Grad der Ermutigung ab, den sie beinhalten.
(1, 158)

Harmonie besteht nur unter Gleichwertigen.
(3, 16)

In unserer demokratischen Ära ist es unsere Verantwortung zu entscheiden, was wir tun werden und nicht, was der andere tun sollte.
(3, 24)

*Die Ungeduld, einen Konflikt sofort lösen zu wollen,
kann hinderlich sein. Eine verlässliche Lösung braucht
Zeit, um wohl fundiert sein zu können.*
(2, 44)

Vorurteile verstehen „als ob" als „so ist es".
(2, 41)

*Eine demokratische Atmosphäre verbindet Freiheit mit
Ordnung und unterscheidet sich so von einer
autokratischen Ordnung ohne Freiheit und von
anarchischer Freiheit ohne Ordnung.*
(9, xvi)

*Wir müssen die grundlegende Würde eines jeden
Menschen erkennen lernen.*
(3, 13)

*Die Logik zwischenmenschlichen Zusammenlebens
verlangt, dass wir die Gleichwertigkeit aller
anerkennen.*
(3, 14)

*In einer auf Konkurrenz aufgebauten Gesellschaft wird
der Mensch zum Feind des Menschen.*

(3, 28)

*Konkurrenz bedeutet, dass ich aufgebe, wo ein anderer
Erfolg hat, und auf dem Gebiet weitermache, auf dem
der andere scheitert.*

(3, 23)

*Wir sind nicht zu Konkurrenzdenken verpflichtet, bloß
weil unsere Umgebung so denkt und handelt.*

(3, 29)

*Konkurrenzdenken ist weder „natürlich" noch ein
Muss. Es macht die Verwirklichung von Gleichheit
unmöglich. Je weniger konkurrenzbezogen ein Mensch
ist, umso besser kann er Konkurrenz aushalten. Der
konkurrenzbezogene Mensch dagegen kann
Konkurrenz und Wettbewerb nur ertragen, wenn
er gewinnt.*

(2, 43)

Das Fehlschlagen aller Versuche, einen Konflikt innerhalb einer Demokratie zu lösen, beruht entweder auf zu wenig Achtung vor anderen oder auf zu wenig Selbstachtung.
(3, 28)

Generalisierungen sind immer Abstraktionen. Sie entstehen im Allgemeinen aus Vorurteilen oder zu Verteidigungszwecken.
(3, 14)

Jede Vorstellung von Wahrheit ist eine Annäherung, kein Absolutum.
(2, 42)

Wir müssen die gesellschaftliche Funktion der Wahrheit im Auge behalten: Sie hat keinen absoluten Wert. Absolute Wahrheit verlangt nach Autorität, die entscheidet, was „wahr" und was „falsch" ist.
(2, 43)

Eines ist sicher: In einer wahren Demokratie gewinnt niemand durch Macht oder Aggressivität die Oberhand.

(2, 44)

Wir denken oft daran, dass unsere Nachbarn unser Leben im Guten oder Schlechten beeinflussen können; aber auch wir sind die Nachbarn unserer Nachbarn.

(2, 44)

Selbstlose Liebe ist zu einer vergessenen Kunst geworden, der Glaube an was auch immer eine überkommene Vorstellung und Gelassenheit ein eitler Traum.

(2, 38)

Ob ein Mensch in eine Gemeinschaft integriert ist oder nicht, bestimmt für jeden Einzelnen sein Glück oder Unglück.

(2, 44)

Menschen sind voneinander abhängig; jeder von uns beeinflusst andere und wird von anderen beeinflusst.

(3, 4)

Unablässig ermutigen oder entmutigen wir die Menschen um uns herum und tragen damit zu ihrer Fähigkeit, sich besser oder schlechter in die Gesellschaft zu integrieren, bei.

(2, 45)

*Vertrauen ist die Grundlage von Ermutigung; an andere zu glauben – nicht nur an deren Möglichkeiten, sondern an das, **was sie sind**.*

(2, 45)

Man mag die Möglichkeit bezweifeln, dass man mit sich und anderen in Frieden leben kann, wenn die Welt keinen Frieden kennt.

(2, 45)

Ein Mensch mit großem sozialem Interesse, der weniger an sein eigenes Prestige denkt als an das Wohl der anderen, dem es Freude bereitet und der weiß, wie er sich nützlich machen kann, ein Mensch mit Mut, der daran glaubt, dass er allem standhalten wird und der sich sicher ist, dass er aus jeder Situation das Beste machen wird, solch ein Mensch kann schwierige Phasen durchleben, ohne sich zurückzuziehen, ohne ängstlich oder nervös zu werden.

(6, 142)

Arbeit, unser Beitrag zum Wohle der andern, ist ein grundlegendes menschliches Bedürfnis und die Sehnsucht eines jeden.

(6, 151)

Das Interesse an Gemeinschaft stellt ein Gefühl von Verbundenheit dar, das Gefühl, Teil der Menschheit zu sein.

(2, 43)

Manchmal, wenn wir nicht sicher sind, dass man uns akzeptiert, weil wir anders sind, wählen wir, um „dazu zu gehören", den Weg der Anpassung.
(2, 42)

Freundlichkeit beinhaltet echten Respekt gegenüber einem anderen Menschen. Sie verlangt nicht nach Unterwerfung.
(3, 28)

Viele Menschen vermischen Demut mit Demütigung.
(2, 43)

Anpassung an unsere soziale Umwelt bedeutet nicht mehr Konformität.
(2, 39)

Es besteht immer folgende Korrelation – je weniger man selbst weiß, was man tun soll, desto mehr rät man anderen, was sie tun sollten.
(3, 10)

Früher oder später müssen sich mehrere Menschen auf etwas einigen, und sei es darauf, dass sie sich nicht einig sind.

(2, 39)

Nicht sein Denken macht den Menschen zu einem sozialen Wesen, sondern die Gruppe, in der er lebt.

(2, 43)

Eine richtige Beziehung hängt von der gesellschaftlichen Umgebung ab, in der dieser Austausch stattfindet.

(2, 43)

Gemeinschaftsgefühl bedeutet ein Gefühl für die Menschheit, Interesse für die anderen, soziales Eingebundensein, Solidarität mit anderen Menschen.

(5, 20)

Kein Problem ist unlösbar, sobald man es als eine normale Aufgabe erkennt.

(3, 31)

Wir müssen lernen und uns daran freuen, menschlich zu sein und die Dinge zu tun, die getan werden müssen – weil wir sie gerne tun und nicht deshalb, weil wir unsere Eitelkeit befriedigen möchten.

(1, 78)

Wir könnten das Paradies auf Erden verwirklichen, wenn der Mensch wüsste, wie er sein Wissen in den Dienst der Gemeinschaft stellte.

(3, 5)

Die spirituelle und moralische Unterstützung, die wir alle im oftmals entmutigenden Alltag tagein tagaus erleben, kann nur von einer Gruppe kommen, in der wir einander wirklich wie Brüder und Schwestern begegnen.

(10, 222)

Die Lösung jedes unmittelbaren Problems erfordert die gleichen Haltungen, die allein auch die sozialen Probleme im allgemeinen lösen können: Mut und Sinn für Verantwortung. Angst und Pessimismus führen immer zu vermehrten Gefahren, zu Bedrückung und Gewalt und rufen Feindlichkeit und Streit hervor.

(4, 234)

Quellenverzeichnis

Die dieser Anthologie zugrundeliegenden Sprüche wurden den nachstehend aufgeführten Quellen entnommen (im Text mit der vorangestellten Ziffer zitiert). Übersetzungen aus dem Englischen stammen von Christina Kotte und Anne-Katrin Seeber.

(1) Rudolf Dreikurs. *Adult-Child Relations. A Workshop on Group Discussion with Adolescents.* Chicago: Adler School of Professional Psychology 1980.

(2) Rudolf Dreikurs, „Dreikurs Sayings", *The Individual Psychologist. A Professional Journal.* Hrsg. von der American Society of Adlerian Psychology. Bd. 9, Nr. 2, 1972, S. 38–45.

(3) Rudolf Dreikurs. *Dreikurs Sayings.* Hrsg. von Theo Schoenaker. Stuttgart 1995.

(Diese Sprüchesammlung kann auch bezogen werden über das *International Committee for Adlerian Summer Schools and Institutes*, 33 Leys Ave., Cambridge CB4 2AN, U. K.; www.icassi.org)

(4) Rudolf Dreikurs. *Die Ehe – eine Herausforderung.* Aus dem Amerik. von Erik A. Blumenthal. © 1946 Rudolf Dreikurs. Abdruck der deutschen Übersetzung mit freundlicher Genehmigung des Verlages Klett-Cotta, Stuttgart.

(5) Rudolf Dreikurs / Shirley Gould / Raymond Corsini. *Familienrat. Der Weg zu einem glücklicheren Zusammenleben von Eltern und*

Kindern. Vorwort von Sadie E. Dreikurs. Aus dem Amerik. von Dietrich Hamm. © 1974 Sadie E. Dreikurs, Shirley Gould, Raymond J. Corsini. Klett-Cotta, Stuttgart 1977.

(6) Rudolf Dreikurs, „Holistic Medicine", *Individual Psychology. The Journal of Adlerian Theory, Research & Practice.* Bd. 53, Nr. 2, 1997, S. 127–197.

(7) Rudolf Dreikurs / Vicki Soltz. *Kinder fordern uns heraus. Wie erziehen wir sie zeitgemäß?* Aus dem Amerik. von Erik A. Blumenthal. © 1964 by Rudolf Dreikurs. Klett-Cotta, Stuttgart 1966.

(8) Rudolf Dreikurs. *Kinder lernen aus den Folgen. Wie man sich Schimpfen und Strafen sparen kann.* Freiburg: Herder 2000.

(9) Rudolf Dreikurs. *Psychology in the Classroom. A Manual for Teachers.* New York: Harper and Row 1968.

(Dieses Buch ist auf Deutsch erschienen unter dem Titel *Psychologie im Klassenzimmer.* Stuttgart: Klett 1976.)

(10) Rudolf Dreikurs. *Social Equality. The Challenge of Today.* Chicago: Adler School of Professional Psychology 1971/1998.

(Dieses Buch ist auf Deutsch erschienen unter dem Titel *Selbstbewusst. Die Psychologie eines Lebensgefühls.* München: Deutscher Taschenbuch Verlag 1995.)